Poesía engavetada

1970 - 1993

Poesía engavetada

1970 - 1993

José Yanes

Copyright © 1993 José Yanes
Copyright © 2012 Prólogo: Ana Julia Yanes
Copyright © 2012 Diseño de la portada: Celia Yanes
Copyright © 2012 De esta edición: Eriginal Books

www.eriginalbooks.com
www.eriginalbooks.net

ISBN-13: 978-1-61370-971-9
Library of Congress Catalog Card Number: 2012943250

Reservados todos los derechos. Ninguna parte de esta publicación puede ser reproducida, distribuida o transmitida, por ninguna forma o medio, incluyendo: fotocopiado, grabación o cualquier otro método electrónico, sin la autorización previa por escrito del autor, excepto en el caso de breves reseñas utilizadas en críticas literarias y ciertos usos no comerciales dispuestos por la Ley de derechos de autor.

All rights reserved

Printed in the United States of America

*¿A dónde irá un pueblo
de hombres que hayan perdido el hábito de pensar con fe
en la significación y el alcance de sus actos?*
JOSÉ MARTÍ

Prólogo

Después de cuarenta años de silencio, el autor publica este libro. ¿Qué puede tener eso de raro, después de todo? Hay tantos libros que no se publican nunca, y hay tantos autores que por un motivo u otro no se dan a conocer. Aquí, sin embargo, la historia no se reduce a una simple demora o indecisión. Parafraseando al autor, en Cuba *las cosas nunca son como debieran*. De ahí este largo silencio.

La historia de este libro forma parte de la memoria histórica cubana, y debe ser compartida.

José Yanes comenzó a escribir este libro en La Habana a fines de los años 60. En aquel entonces era un joven poeta que pertenecía a la que se dio en llamar la Generación del *Caimán Barbudo*, junto a Luis Rogelio Nogueras, Raúl Rivero, Víctor Casaus y Guillermo Rodríguez Rivera, entre otros. Su primer libro, *Permiso para hablar*, obtuvo mención en el Concurso Nacional de Poesía Julián del Casal 1966, convocado por la Unión de Escritores y Artistas de Cuba (UNEAC), en el cual fueron jurados tres grandes poetas cubanos, José Lezama Lima, José Zacarías Tallet y Regino Pedroso. Con ese mismo texto poético, en 1967 obtuvo la Mención Única del Concurso David, también convocado por la UNEAC, donde fue jurado Heberto Padilla, entre otros escritores.

En aquellos años iniciales, todavía el poeta se dolía de la partida de su madre a Estados Unidos, convencido de que él, al quedarse en Cuba, se decidía por una opción válida, de verdadera renovación social y reivindicaciones sociales. Sus orígenes humildes del barrio de Los Pocitos en Marianao, su amor por lo cubano en *el tuétano del alma* le decían que ese era el momento de ayudar a elevar el país a otra escala de valores. Hay en este libro, por cierto, un poema que le responde a aquel; pero eso nos desvía de la historia a contar.

En una época en la que todavía parecía haber lugar para el debate, el poeta tomó partida por una poesía abierta y crítica. Sin embargo, se estaba lanzando a la piscina vacía de un país donde el debate había sido condenado a muerte. Lo hizo con toda la ingenuidad pura que en aquel entonces muchos cubanos aún tenían. No fue hasta años más tarde cuando pudo comprobar la dimensión del golpe.

Había puesto sobre la mesa su especial talento para la intensidad emocional y el juicio certero. Había ofrecido también su manera de decir de poeta natural, su manera de expresar el punto preciso que media entre el lenguaje del cubano de barrio y el del estudiante de periodismo de la Universidad de la Habana. Combinación poderosa. En última instancia, había usado su capacidad para hablar con honestidad y su talento para trasmitir el mensaje, para luego comprobar que eran cualidades que se penalizaban con especial saña. Pero en aquellos años esa posición aún parecía posible. Junto a colegas de su generación había firmado el Manifiesto de los Doce, en el que, entre otras cosas, se decía que en la poesía "lo mismo cabía la palabra carajo que corazón".

En 1971 un libro suyo titulado *Canciones para Anita*, de corte muy crítico a la realidad cubana, fue mencionado entre otros seis libros como destacados en el Concurso de Poesía de la Casa de las Américas, a propósito de lo cual apareció una nota en el periódico *Granma*. Pero eso fue todo. Inmediatamente después no se mencionó nada más sobre ese texto poético y Yanes no fue invitado a la entrega de premios. Ese fue el principio de su ostracismo no anunciado, pero no por eso menos feroz y cuidadosamente diseñado para destruir su reputación. Al menos en la Antigua Grecia, el mecanismo del ostracismo era al parecer más transparente, la sociedad griega dicen que solamente aplicaba el castigo de aislar a una persona de su grupo social durante diez años, aprobado en colectivo y para proteger el interés común. El de Yanes recién empieza ahora a desenredarse, a estas alturas de su vida, y todavía no está claro que haya sido para el bien común.

En ese mismo año 1971, Yanes fue vinculado al conocido Caso Padilla, luego de lo cual le fue negado publicar cosa alguna, fue puesto en cuarentena, aunque cobrando un salario. Luego de protestar esta situación -demasiado honesto y aún ingenuo para entender y aceptar un *plan piyama*-, fue enviado a trabajar como redactor de la revista *Romances*, donde la Unión de Periodistas (UPEC) lo acuso de "escribir cosas que el enemigo podía utilizar". En realidad, se trataba de un segundo juicio por la misma causa. Pero en esa ocasión la sanción fue mucho más severa: Yanes fue suspendido de empleo y sueldo por un tiempo y luego de un largo proceso de reclamación, fue enviado a trabajar a la 7ma. Brigada de Construcción Industrial, como simple obrero. Los amigos y colegas se dispersaron y alejaron, la desconfianza estaba sembrada.

Yanes me ha confiado una anécdota que comparto. En medio del segundo juicio que le hizo la UPEC, le pidió ayuda a Nicolás Guillén, quien ya le había ayudado a comenzar en *Romances*. Nicolás siempre le había ayudado muchísimo, pero en esa ocasión se negó y cito textualmente lo que le dijo a Yanes en su despacho, porque él jamás ha olvidado ni una sola de esas palabras. "Yanes -le dijo- esta vez yo no voy a mover ni un solo dedo para ayudarte, aunque si lo que dices es cierto, y no lo dudo, esa es la *hijeputada* más grande que yo he visto hacer en mi vida". Yanes de todas formas le dio las gracias y Nicolás contestó: "No tienes que agradecerme nada porque yo me he negado a tu petición".

Muchos años después, Bienvenido Suárez, quien fuera durante muchísimos años Administrador General de la UNEAC, le contó a Yanes que un alto funcionario de la UPEC le había pedido por esa época que le mandara para la jurisdicción de la UPEC a todos los redactores que estaban en cuarentenas similares a la de Yanes, quien sabe si para someterlos a la misma situación en que habían puesto a Yanes. Entre varios redactores estaban Miguel Barnet y Reinaldo Arenas. La UNEAC no los envió y se pasaron años cobrando sin trabajar, y sin publicar también. Para entender esto hay que saber que en esos años, se podía ser redactor de las publicaciones de la UNEAC, y aunque administrativamente se respondiera a la UNEAC, era la UPEC la que pagaba mediante una chequera como la de los jubilados. Una de esas cosas *locas* de Cuba. A comienzos de toda aquella refriega, Padilla le confesó a Yanes que él le había tenido que mencionar en su terrible, y ya famosa, autoinculpación de aquel día de 1971 en la UNEAC, porque luego de *Canciones para Anita*, la Seguridad había comprendido que Yanes era capaz de organizar un cosmos convincente y de calidad literaria con su poesía contestataria.

Como resultado de todo este lacerante proceso, los desajustes emocionales llevaron a Yanes a destrozar los poemas de *Canciones para Anita*. Los fue arrojando en cuanto latón de basura se encontró entre el trayecto del Vedado a Centro Habana. A partir de 1977, Yanes logró cierta mejora en sus condiciones laborales físicas, aunque no emocionales, al conseguir trabajo como redactor del Departamento de Publicaciones del Comité Estatal de Finanzas, donde permaneció otros diez años. En 1987 comenzó a trabajar en el periódico *Trabajadores*, donde ya venía colaborando en temas financieros. El árido periodismo económico fue la única y estrecha puerta por la que Yanes logró sobrevivir hasta su salida al exilio en 1998.

En todos esos largos años de incomunicación con sus contemporáneos, se negó absolutamente a ediciones fáciles que alabaran al poder. También se negó a practicar el arte de decir sin decir, que otros emprendieron para conservar una carrera de intelectual en medio del disparate. Condenado a no poder comunicar lo que de verdad tenía dentro, fue escribiendo para la gaveta los poemas de este libro. *Poesía engavetada* no es más que muchos de los poemas de *Canciones para Anita* reconstruidos de memoria, más algunos otros que adicionó a través de los años.

Yo soy hija del poeta. Nací en 1968 en La Habana. A pesar de haber estado trabajando en la construcción en medio de los primeros años de su sanción, y a pesar de todo lo que significaba aquel desastre, mi padre fue a mi escuela primaria en 1974 al acto en que me pusieron la pañoleta de pionera comunista. Era entonces un ritual más del país, y quizás intuyó, con razón, que había que proteger mi inocencia de aquellos años. Ya me daría cuenta después de la ironía. Recuerdo la zozobra tan especial de pensar que no iría, y la alegría de verle llegar en medio de aquella mañana a mi escuela. Recuerdo también los incontables viajes a las escuelas al campo. Rituales por los que todos pasamos allá en La Habana.

En aquellos años yo no entendía por qué se decía que mi padre era poeta, porque sus versos no estaban en ninguno de los libros que había en mi escuela. Ni siquiera estaban en los libros que había en mi casa. No entendí durante mucho tiempo por qué mi madre y uno de los pocos amigos que le quedaron eran los únicos que me hablaban de su poesía. No fue hasta ahora que supe del título de aquella versión del libro original que fue arrojada a la basura.

Hace más de diez años que decidí irme de Cuba para Canadá. Recién llegada a Ottawa, en una biblioteca encontré el libro *Antes que anochezca* de Reinaldo Arenas. Por pura curiosidad y nostalgia de leer algo en español y de autor cubano empecé a leer y me tropecé inesperadamente con el Caso Padilla en esas páginas. Por primera vez pude leer sin censura, saber de los detalles, ávidamente leí y vi el nombre de mi padre impreso ahí. Empecé a entender. Le hablé entonces a mi padre varias veces de sus poemas, le pregunté qué había pasado, pero siempre de alguna manera me evadía el tema. Hace un par de años por fin se decidió a enviarme sus poemas inéditos en un sobre, los originales, en páginas amarillas de papel gaceta, escritos a máquina de escribir. Por disciplina decidí hacerles una copia para preservarlos, como una reliquia familiar.

Soy economista, no suelo leer poesía, solo alguna de amor de Nicolás Guillén, algo de Neruda, Martí. Sin embargo, no pude despegarme de aquellas páginas que iba fotocopiando. Me atraparon de una forma tal que no las podía dejar. Hace un año también leí de los casos de ataques, organizados por el gobierno cubano a la reputación de quienes se percibían como enemigos, leí las experiencias de los familiares, los detalles. Seguí entendiendo la necesidad de que se publicaran estos poemas.

Cada noche después del trabajo los pasaba a la computadora, uno a uno. Cuando tuve la primera versión lista le dije a mi padre de publicarlos. Creo que aceptó finalmente cuando le expliqué que algún día mi hija va a necesitar leerlos para entender qué pasó. Salió de Cuba de cuatro meses de nacida y nunca más ha podido volver. Habrá cientos de otras cubanas y cubanos en casos similares que puedan leerlos y entender una parte de lo que pasó, o quizás los ayuden con las explicaciones a sus hijos. Los libros de historia y de ensayo recogerán el análisis social, la reconstrucción de hechos durante estos años en Cuba. El humor o la denuncia de los blogueros nos acercan a la cotidianeidad, a una parte de nosotros mismos. Cada quien hará su parte. Pero a través de la poesía tendremos acceso a la clave para entender la esencia misma de los sentimientos.

Cada voz cuenta, toda voz abre una puerta. No debemos silenciar a nadie, ni silenciarnos nosotros mismos.

Lo más importante para Cuba es que este libro recoge un trascendente viaje. Es el viaje del poeta hacia lo oscuro, adonde lo llevaron lo que sufría y sufre el país, su generación, adonde me llevaron de alguna manera a mí también y a otros. Quizás a usted también. Y al mismo tiempo, este libro recoge los sentimientos que dan la clave para el camino de nuestro regreso hacia la luz, hacia la ingenuidad perdida, hacia lo positivo en lo cubano y en lo universal.

A usted, amigo o amiga, cubano o cubana que lea estos poemas, le deseo que se pueda abrir a *la fabulosa capacidad de renacer*, que acepte entender la miseria de la poesía para luego alegrarse con su elogio y el de la vida, en un viaje hacia la verdadera esperanza. *Como para la rosa, también para nosotros siempre es hora.*

Ana Julia Yanes
Ottawa, junio 2012

La Habana es una ciudad que espera

La Habana es una ciudad que espera

Cada mañana
como quienes emergen de las ruinas después del bombardeo,
los hombres de esta ciudad asumen la vida como pueden.
Muchos, en cifra creciente, atravesados por la decepción
y la fatiga de meter en vano el alma humeante en la tierra,
de aplaudir en la Plaza de la Revolución
hasta que les dolieran las manos;
exhaustos del *hábito de la esperanza*,
porque *la esperanza que se prolonga es tormenta del corazón;*
enloquecidos de ver pasar los años como grandes zepelines,
cargados siempre de renovadas consignas, trabajos y promesas
destinadas a nuevas autocríticas y rectificaciones.
Otros, arrastrando aún la imposición de la fe como una cruz,
zurumbáticos, devastados por vientos de desastre,
aturdidos por la ignorancia y la propaganda, ya no ellos,
intuyendo en medio de la bruma que el barco nunca tuvo
    rumbo.
Algunos, estremecidos todavía por una enfermiza fe militante
entrecruzada de ceguera, encaprichamiento irracional,
incertidumbre, miedo, frustración,
oportunismo de las más diversas gradaciones, adoctrinamiento
asumido ya como costumbre.
Unos pocos, creyentes todavía como niños, blancos y puros,
buenos en el buen sentido de la palabra bueno,

continúan regalando lo mejor de sí mismos
en largas jornadas de locura superadas desde el siglo XIX.
¿Cuándo se desilusionarán también, con amarguísimo sabor
de fruta podrida, de grieta en el corazón, de nada,
de inocencia perdida para siempre?

    Salen,
desandan las calles sucias, oscuras, despintadas que dan grima,
entre edificios apuntalados que se multiplican
como ratas, cayéndose a pedazos día por día,
sobrecogiendo el alma, entristeciendo, aboliendo
    implacablemente
la identidad de las calles y los barrios, filtrando poco a poco,
como si nada, hasta en el último fondo del corazón
un charco de desastre y desarraigo, una humedad devastadora
que los va pudriendo progresivamente, como quien se muere
y no lo siente, privándolos de identidad, paso a paso,
como a las calles y los barrios.

       Hace más de veinte años
escribí que La Habana era una ciudad a la espera
de los hombres que vendrían a salvarla.
En aquel tiempo, andaban desperdigados por los campos,
       las fábricas
tiznados, con el alma en la mano, regalándola;
en sucias barracas, intentando de todo corazón
salvar al país, entre horrores, grasa, fe, mosquitos
y esperanza a todo trance.
Esos hombres regresaron ya hace mucho tiempo, demasiado
       quizás.
Son esos mismos que caminan entre la ciudad que se derrumba,
como cirios irrepetibles a los que les quemaron la pureza,
a los que les malgastaron la luz más límpida de los sueños
en aboliciones ingenuas, disparates y quimeras.

       Mírenlos bien
en el aire gris de la mañana incierta que los atraviesa.
Hay mucha ansiedad en las pupilas,
mucho camino impuesto al pie,
mucha crispación en la comisura de los labios
(es difícil encontrar una sonrisa verdadera),
demasiado corazón desencantado languideciendo sin estímulo,
más almas de la cuenta en espera de otro viento favorable
para volver a levantar el vuelo y reír de buena gana.

Hace más de veinte años
escribí que La Habana era una ciudad a la espera
de los hombres que vendrían a salvarla.

No quiero despertar y descubrir que no sueño

1

A mi generación le pidieron la juventud
        qué más podría darse
        como no fuera la vida misma,
y la entregó feliz, creyente, sin miseria,
envuelta en la austera consigna de estudio,
trabajo y fusil;
se le fue montada en la plancha de un camión;
se le quedó girando en un albergue de recién conocidos,
dando vueltas por el frío de la noche
        sin madre
atravesada por la nostalgia,
durmiendo en el desarraigo de camastros absurdos
        como aviones bombardeados
oyendo los inverosímiles chillidos de las ratas;
como un corazón, late todavía en la crueldad
de cuántos cañaverales, hecha una bola de tizne
cualquiera sabe en qué surco
o fundida en qué arquitrabe de cuál trabajo voluntario.

2

A mi generación le pidieron la vida misma.

Heroica, sangra todavía en Playa Girón,
        crédula;
alucinada agoniza en una ceja de monte del Escambray
        bellísima;
sus ojos pierden para siempre el verde esmeralda,
        la clara luz
las lágrimas borrosas ya del compañero
        ¿debí escribir hermano?;
avejentada, mortalmente herida
está cayendo en el desierto de Ogadén,
        en Mabinga
        en Cuito Cuanavale
intentando a ultranza apuntalar el sueño
        la verdad
        la pureza
que le inculcaron hasta en el último fondo del tuétano del alma.

3

A mi generación, ¡oh, Satanás! le están exigiendo
        el entusiasmo y la alegría por decreto,
que se levante, como si nada, y vuelva a echar a andar.
Es como si le pidieran que se diera vuelta a sí misma
        y se mirara;

como si la tiraran siempre en un pozo
de una escena cinematográfica repetida hasta la locura:
        el andrajo, los aviones bombardeados,
        el tizne, los chillidos.

4

A mi generación, por último, están chantajeándola.
Como un garrote, le esgrimen la patria
        y la nacionalidad
como a un canalla o a un culpable
        se la clavan por la espalda.
Como si fueran inseparables le imponen patria
        y socialismo
        independencia y Revolución.
Pretenden venderle la guerra de los empecinados
como la suya, aquella tan sublime.
Pero no le dicen nunca cómo revivir los sueños muertos;
no le aclaran cómo, en verdad,
puede honestamente sacudirse el irreprochable corazón
        y volverlo a echar a andar;
jamás le explican la verdadera causa
de su amarga indefensión y su empantanamiento
        después de tanto gasto.
Pero lo más grave, lo imperdonable,
        lo paralizante
es que no han visto a los grandes culpables

pagar por el estropicio
y el inmenso abatimiento de los corazones.

Yo no quiero despertar y descubrir que no sueño.

No quiero despertar y descubrir que todo fue en vano

¿Qué hicieron, ¡oh, Dios!, con el sacrificio de la gente?
El futuro aquel, las verdades, la igualdad,
las fábricas, los sueños, la pureza, todo,
        ¿en qué lo convirtieron?
¿Cuántas plantas completas dejaron devorar
por la herrumbre de los yerbazales?
¿Quién asesinó la contabilidad y los costos,
apuñalando con tanta alevosía las relaciones de mercado?
¿Quién el iluso que creyó tan ciegamente
        tan temprano
en la purificación de la conciencia de los hombres,
despilfarrando miles de millones de sudores,
        treinta años eternos de sangre y esperanza
        de pesos, de crismas
salidos de las tiras de la piel del alma
        de tantísima persona buena?
¿Quién el culpable de tanta inmolación
        y tanto despilfarro?
¿Quién el creador de esa morralla vitalicia
        encaramada sobre la espalda de la patria?
Yo no quiero despertar y descubrir que todo fue en vano.

¡Oh, gran locura en que resbalo!

Aquellos años iniciales, ¿en verdad fueron ingenuos,
    puros como el alma de los niños,
    como el fuego crepitando,
inconcebibles velas henchidas de esperanza,
    certidumbre de luz para siempre
o, simplemente, confundimos ilusiones
    desesperación, buena fe, ignorancia,
candidez con verdades imperecederas?
¡Qué manera aquella de perdernos!
Al que hubiera dicho entonces
    ¡despierten del sueño
    sacúdanse, abran los ojos
    no confíen en nadie
    solo están cambiando de neocolonialismo
miren cómo el fuego va perdiendo fuerza,
cómo la pureza va muriendo que da grima al nacer,
mirándose en el espejo de un mundo sin porvenir,
    contaminado, enfermo grave
    de muerte a plazo fijo!
no le hubiéramos creído.
Escribí de aquellos años como supe
    los amé
(casi los recordaría con nostalgia).
Eran versos elementales

como el gajo verde que le brota a un tronco,
porque yo también era elemental y simple
      como cualquiera.
Hubo quienes llegaron a amar aquellos versos creyentes
que los conmovieron más que su propia poesía.
    Después
irremisiblemente arrastrados por un amargo aprendizaje,
asesino creciente de la ingenuidad y la pureza,
yéndosenos la crisma, el alma,
hemos visto realmente al fuego perder fuerza
      pasar a rescoldo, ceniza
      disparate
clavándonos la indefensión
      entre pecho y espalda.
Y yo seguí escribiendo llanamente de los tiempos
con los versos que supe
(creo que nunca sabré escribir de otra manera).
El poder me acusó de traicionar los orígenes
(¿de qué puede escribir, entonces
      un muerto de hambre digno
      que busca la verdad?)
me tildaron de desagradecido
(¿cómo debe congraciarse el verso
      del pobre de solemnidad
      consciente de los errores
      que siguen enterrándolo
      junto con su país?)

me volatilizaron en vida por cooperar —sentenciaron—
    con el enemigo
(¿quién es, en verdad, el enemigo
    cuando uno mismo
      no sabe lo que quiere
      y puede?)
Poquísimos alcanzaron a leer aquellos versos censurados,
quizás más ingenuos que ninguno, sin salida,
    renegridos
latentes como un corazón desconcertado
que una vez eché a volar, inermes
    en el viento de la tarde.
Desde entonces nadie me oye
nadie me oye, nadie me llama
    nadie se dirige hacia mi esencia
que son estas palabras obsesas,
rezumantes de angustia
    a las que llamo mi poesía.
Y es tanto ya y tan largo este silencio en compañía,
tantísima esta profunda soledad entre la muchedumbre,
tantos y tantos los bandazos,
tanto el tartufismo
    (¿qué fue de la pureza aquella?)
que a veces pienso, ¡oh, gran locura en que resbalo!
    que ya nadie sabe a ciencia cierta
    si sobrevivo,
        ni yo mismo.

Carta abierta a mi madre en USA

Era duro, muy duro, fue durísimo
pero al comienzo pareció valer la pena
la división de la sagrada familia.

Yo jugué mi carta al sueño de oro
de Martí,
que parecía al fin se realizaba;
a la quimera alucinante
del Marxismo-Leninismo;
a mi pueblo, capaz de hablar
sin palabras;
a la filosofía de Los Pocitos,
barrio querido,
que pareció también que iban a volar,
a trascenderse,
como algún espíritu atrasado
que gana luz
y se eleva para siempre;
yo jugué por el Benny,
por su Santa Isabel de las Lajas
querida,
por lo cubano en el alma,
por el amor;
yo jugué por la Revolución, sí,

por la Revolución, como un árbol
creciendo, como una puerta
que conducía a nosotros
invitándonos a andar.

Jugué y perdí;
perdí y ahora todo vuela,
vuela y vuela.
Todo vuela nuevamente,
Regino Pedroso:
sueños, ansias, voces puras.
Todo duele, duele
y duele.

Si las cosas hubieran sido
como no fueron
(al parecer en este país
las cosas nunca son
como debieran),
yo no estaría otra vez
llorando solo
en el banco de este parque
como hace veinticuatro años;
no me estarían cayendo
las lágrimas por la cara abajo,
no solamente ya como entonces
por la división de la familia,

sino también

por la creciente certidumbre,

angustiosa y desconcertante,

de haber botado mi vida.

La Zorra y El Cuervo

    Cada sábado
este *night club* es un paraguas misericordioso que nos ampara
    de la vida.
Este, que en soliloquio intenso bebe tanto en el bar,
está fatalmente envuelto en humo.
Lleva en el bolsillo un hermético poema
en el que un cisne blanco muere sobre su sangre
y se habla de un metafísico país sin crímenes.
Ese, en el *pullman* más apartado y oscuro,
se agarra al sexo de la mujer que lo acompaña
    como un náufrago.
        Aquel
es el internacionalista.
Esa cara del horror y de la muerte por nada
    son un charco de chapapote
    pegado sin remedio a su retina.
Es el que más baila y ríe en medio del salón.
Desde el fondo del vaso del agente de la Seguridad
    anhelantes, desamparados
los ojos del que pretendía escapar están clavados en los suyos.
Es como la décima vez que intenta bebérselos
de un trago doble.
De la batería sale una nota breve y seca
    como un disparo.

A su lado, caricaturas de revistas y video-clips
    del mundo occidental
varios jóvenes posan en sus mesas.
Como todos los malos actores y los frustrados
están locos por que los miren.
        Mírenlos, por favor,
hay algo realmente auténtico en ellos que da ganas
de aplaudir y de llorar:
ese desajuste emocional inconmensurable que los envuelve.
Un fuerte arpegio del piano impone un silencio repentino.
Alguien, con voz rezumante de nostalgia
canta el alucinante bolero de Martha Valdés

    ¿Quién serás?
    que me has podido dejar
    en mi locura,
    mientras se me escapa
    tu posible visión.
    Y sospecho que tú,
    que tú eres nadie,
    que está de fiesta
    la imaginación.

Una presencia invisible, concreta
    diáfana
se queda flotando en las almas y el humo
como en un verso de Lezama.
    Aquí no están todos
afuera está la fila esperanzada de los que no cupieron,

y más allá, los que deambulan Rampa arriba, Rampa abajo
    turulatos
como en el parque del más oscuro pueblo provinciano,
sin tener dónde meterse este sábado por la noche
a matar aunque sea un poco del hastío
    que se los está comiendo por los pies.

Hay que dejarle la puerta abierta al diálogo

Libre albedrío

1

Yo no tengo dónde decir públicamente
ni esta boca es mía
y se toman la libertad de declarar
que hemos elegido a plena conciencia
socialismo o muerte,
socialismo pase lo que pase.

Amo esta isla detenida en el tiempo,
su pasado, de Martí al Benny,
su compás de espera, su futuro
(*¡oh, vida, no te alejes!*)
 y declaran sin pudor
que preferimos mil veces que se hunda en el mar,
antes que renunciar a su trasnochada opción.

¿Quién les dijo que estoy dispuesto a morir
      de buena gana
por ese engendro demoniaco del georgiano,
en el que insisten obsesionados,
con sordo empecinamiento irracional?
¿Cuándo me lo preguntaron
con posibilidad de responderlo libremente?

A esta altura de la vida,
¿cómo se atreven a hablar en nombre de tanta gente
sin darles la oportunidad de un voto
secreto y directo?
¿Quién les dio el derecho a proclamar
un suicidio colectivo,
en aras de la delirante idea de eternizar
su destartalado prestigio,
 para preservarlo a toda costa y costo
del fracaso.

Desprecian los consejos dados de buena fe,
aferrados a una ideología podrida por la retórica,
errores, imposiciones, corrupción;
limitada por concepciones básicas
       urgidas de reformas
de cambios radicales;
huérfana de mecanismos eficientes;
de la que la gente ha tenido que abjurar
en todas partes del mundo.

Por ordeno y mando nos determinan las lecturas adecuadas,
el camino correcto para la economía y la vida,
el único Partido a ultranza.
Imponen la complicidad y el aplauso
para sus consignas anacrónicas,
 su retórica altisonante y solitaria de última hora.

Exigen aprobación.

Se apropian de los héroes y los mártires

(quieren convencernos de que ellos y solo ellos

saben interpretar lo que quisieron, concluir

la obra por la cual dieron la vida),

pobres mártires, que ya no pueden decir tampoco

ni esta boca fue mía.

Organizan las brigadas del sopapo, del palo,

del cállate y aguanta.

Irresponsablemente alientan la guerra civil.

Se preparan para resistir contra toda lógica

y perspectiva

(han investigado hasta el mínimo alimento

con el que un ser humano sobrevive).

Esperan convencer al pueblo simple y puro

de que retroceda feliz

a algo así como la comunidad primitiva

al borde mismo del siglo XXI,

como si ese acto, que pudiera ser bellísimo,

estuviera sustentado todavía

por un sueño, aquel sueño perdido.

¿Y yo qué puedo hacer?

sino escribir estas palabras,

por las que podrían, como quien dice,

colgarme por los testículos si me las ocupan,

y después irme tranquilo, cumplido,
esperanzado en que se impongan la lucidez
y la cordura,
a brindar con lo que encuentre en esta tarde cubana
por la salud del mundo y de la vida.

2

En el punto en que hay que dejar ya a un hombre tranquilo
  lo tienen clavado en una encrucijada.
Se supone que un hombre tenga derecho a cansarse
  al desacuerdo
a la estabilidad que pudo, a su lámpara,
su noche, su café, su cómplice cerveza
  a su frustración sin sobresaltos.
Pero le están machacando que no habrá nada,
que la larga guerra continuará, eterna;
que no le dejarán estar al margen.
Le hacen ver bien claro
  que esgrimir su derecho al descanso
  al desacuerdo
será considerado traición a la patria,
que tiene que seguir pegado al yunque.

Lo acosan, presionan, lo bombardean con discursos,
  pasquines, declaraciones, asambleas
irrumpen sin consideración en su intimidad

    por la pantalla del televisor, la radio.
Tocan en su puerta, lo conminan
    le llevan la cuenta de su participación
    le clasifican, vigilan,
    le quieren poner a vigilar.

¿Cómo evadir esta guerra? —se pregunta.
    ¿Cómo tenderme a descansar?
¿Adónde, si sigo cediendo, iría a parar
    el respeto por mí mismo, mi dignidad
    mi amor propio, mi derecho humano?
Me duele el alma, tengo el cansancio encaramado en la espalda
    como un mono
y solo veo la subida
    la subida
    la subida.
El polvo del camino me está cegando
y por momentos cada vez más frecuentes
    no entiendo nada.
¿No me dejarán otra opción que explotar? —se angustia.

En el punto en que hay que dejar ya a un hombre tranquilo
    le tienen clavada a mansalva
    esa encrucijada inmisericorde en el corazón.

Poesía de vuelta

Hubo una vez que rompí todos mis poemas, ya lo dije,
      y los lancé al viento de la tarde.
La angustia más feroz, la ansiedad más asesina
      la incertidumbre más tenaz
y la paranoia más negra y cuerda jamás vista
      volaron inermes
se perdieron aullando en todas direcciones.
Honestamente, jamás creí volver a verlas.
Quería que el poema más nunca se nutriera
      de lobregueces y quebrantos.
Yo era el ciego,
el que a lo sumo solo podía ver la ruina
      el del camino errado
el manco para aferrarse al amor y la esperanza.
Hasta que la realidad
      terminó por destrozarme la quimera.
Y ahora resulta que están aquí de vuelta,
como si el viento hubiera recurvado con saña
y las trajera huracanado, volando rasantes:
la angustia más feroz, la ansiedad más asesina
      la incertidumbre más tenaz
y la paranoia más negra y cuerda jamás vista
      incólumes, invulnerables
      sin respeto

más crueles y sangrientas que nunca,
intentando metérseme otra vez
    desde la realidad en el poema.

¿Cuándo se llegará a un momento irreversible?

Cuando estamos al borde de estallar como calderas
      sin válvula de escape,
o cuerdas de guitarra demasiado tensas como para seguir
      tocándolas
(tienen instrumentos de alta precisión para medirlo),
hablan de renovar lo que ya ha cumplido su papel,
      o agotado sus posibilidades;
de prescindir de prácticas superadas por la vida;
de abrirle paso a los cambios;
reconocen el irreal afán de unanimidad falsa,
      mecánica, formalista,
que conduce a la simulación, a la doble moral,
al silencio de opiniones;
invocan la validez de la diversidad de criterios.

Pero yo no confío, porque al unísono
nunca olvidan reiterarnos que el Partido,
      único, subrayan la palabra, la machacan,
el Partido de la patria y del socialismo irreversible,
es quien podrá acoger en su seno ilimitado,
como el de Dios, toda discusión posible,
con sus más altos sacerdotes siempre a la cabeza.
Ellos, los que nunca habrán cumplido su papel
o agotado sus posibilidades, los eternos;

los jamás superados por la vida;
los que estaban en el más apartado rincón
      de la Constelación de Sagitario,
cuando se impuso el falso e irreal afán de la unanimidad,
la debacle y el disparate económico,
el formalismo que condujo a la simulación,
a la doble moral, a la corrupción que desintegra,
al acallamiento de opiniones; ellos, los no renovables.

Ya no confío, porque no es primera vez
      que los veo y oigo apelar a semejantes demagogias,
para volver a las andadas cuando la caldera
      suelta el exceso de vapor,
cuando le aflojan la cuerda a la guitarra
      para seguir tocándonos la misma melodía.

Ahora viven su tiempo más difícil, verdaderamente difícil
      desesperado.
A lo mejor tanto golpe, tanto tumbo, tanto porrazo,
les enrumbó el corazón y les trajo luz al alma oscura.
Quizás sería justo, humano, darles otra oportunidad
      ¿cuántas han sido?

Pero insisto, yo ya no confío.
Estoy mirando ese afán clarísimo, esa fijación
de cambiar formas dejando intacto el contenido
esa evidente fidelidad a la vieja norma estalinista

    de que el fin justifica los medios.

Veo mucha prepotencia, demasiado aferramiento al poder.

No siento suficiente humildad.

    ¿Hasta cuándo?

¿En qué momento fallarán los cálculos sofisticados

que nos conduzcan a un punto irreversible

    y la caldera estalle?

Hay que dejarle la puerta abierta al diálogo

Después de tanto, después de todo, puede que nos salvemos.
No como dice el mundo, sino como afirman ellos.
Puede que tengan razón y los norteamericanos
pretendan devorarnos otra vez
y los equivocados podríamos ser
los que pensamos que ellos, con sus errores,
       serían los máximos culpables.
Puede que sea cierto, que mientras nos acosen
cualquier apertura sería un suicidio,
que Europa Oriental rindió el alma,
se cavó la tumba, poniéndose mansita
       en las manos de Occidente
y solo nosotros (ellos, jesuitamente),
salvaremos toda la dignidad y la pureza del mundo.

Tal vez nos equivocamos los que creemos
       que patria y socialismo
       o Revolución e independencia
       no son términos unívocos.

Es posible que hasta tengan la oportunidad
(o cometan el error de dársela)
y realmente hundan la isla en el mar.
No sé.

También podría ser que estos poemas (¿lo son?)
que expulso para no reventar, en realidad
no sean más que los ripios sin patriotismo,
sin talento, de un chapucero, resentido, obsesionado,
que rezuma hiel por la frustración consciente
de no ser todo lo grande que se cree.
Quizás.

Bien podría ocurrir que haya reemprendido sin regreso
el camino equivocado de la poesía del desastre;
que siga siendo el que solo sabe ver la ruina,
cuando ni siquiera hay ruina,
que todo esto que creo un *delirium tremens*
no es sino otro paso, el más agónico,
hacia la panacea anunciada
      (¿debí escribir profetizada?)
en la que la aplastante mayoría creyó al principio.

Precisamente, uno no puede pensar
que es el único que tiene la razón contra el mundo
      como vociferan.
Creo que hay que dejarle la puerta abierta al diálogo,
con sinceridad, creyentemente;
a la discusión, al criterio ajeno, al opuesto,
      ¿por qué no?
a la revisión, a la búsqueda,
a la aplicación de ideas nuevas en verdad, creadoras;
a la unidad real, la tolerancia y al amor.

TAL VEZ NO SÉ COMPONER POEMAS OPORTUNOS

Quizás solo se trata de que no soy poeta

A Rafael Alcides Pérez

Alguien me dijo que estoy muerto.
Y en realidad, ¿qué soy si no?
si mis versos solo despiertan la callada por respuesta;
si mis sueños, esperanzas, incertidumbres
      mis dolores, alegrías, mi todo
dan vueltas centrífugas y aterradoras solo en mi cabeza
      solo en mis poemas
que duermen un letargo eterno en la gaveta.
      Qué ironía.
Yo, que tengo tantísima necesidad y delirio de comunicación;
yo, escribiendo en realidad para la gaveta,
creyéndome que escribo para publicar al instante inmediato
      aún con la página caliente.

Creo que sí. En realidad no soy más que un muerto.
¿Qué otra cosa es alguien en quien nadie piensa
      alguien a quien nadie toma en cuenta
      alguien que está completamente solo?

Quizás solo se trata simplemente de que no soy poeta
      sino un iluso, un majadero
      ineficaz, anodino

patético cronista de la temporalidad,
muerto literalmente de pena en vida
entre el silencio impenetrable y la necesidad de comunicación
    con sus contemporáneos.

¿De quién soy víctima?

¿Cuándo comencé a fracasar? ¿Acaso desde aquella infancia, inerme y sola, que alguna vez supuse solo recuerdo feroz, campana llamándome en balde, agua muerta en la memoria, porque la Revolución, ¡qué ironía!, había tomado mi mano para darle su exacto valor?

¿Qué me anula? ¿No haber sido todo lo astuto que pude, no haberle sacado más ventaja a mi origen, a mi poesía de pobre de solemnidad, consolidándome así como triunfador de nueva clase; o es que aquella infancia sobrevive pataleando, fantasma que gira y gira para siempre a mi alrededor con su aura letal, su déficit crónico, su desidia subdesarrollada, irreparable, atrofiando sin cesar el impulso poderoso y la sensibilidad raigal de mi ánima?

¿Qué me paraliza? ¿Mi congénita naturaleza idealista, o la falaz que me inculcó el régimen; mi fantasía, mi prurito puntilloso de verdad, mi quimera a ultranza, o la ilusoria con que me educó el sistema; o ambas, tan incompatibles con el desamparo en el que siempre sobrevivo?

¿De quién soy víctima? ¿De todas esas fuerzas y acaso de otras que ignoro, centrífugas y demoníacas, al triturarme; o de la censura, del poder, de la insidia fatídica de este país?

¿Qué me mata? ¿La paranoia, la depresión sin fondo, la neurosis, la descompensación sicótica perenne? ¿Las padezco realmente, o me las hace padecer esta realidad? Lo peor acontece cuando pienso que no soy víctima de nada, salvo de mí mismo.

¿Hasta cuándo me dará la vida locura y corazón para seguir escribiendo palabras como estas, enfermizas, sospecho ya. ¿Quién me resarcirá de tanta soledad si al fin no fuera culpa mía?

El caso es que estoy hasta el pelo –¿hasta cuándo?– y saldría gritando por esta ciudad que se derrumba la demencia de toda esta demencia. Pero todavía el instinto de conservación sigue arrojándome, calladísimo, en estos papeles que me secan, en este juego sin gloria de la sobrevivencia; tragándome, atarugado ya, estos deseos incontrolados controlados de mandar todo al mismísimo infierno y escapar para vivir.

¿Pero, cómo? Porque siento que este horror está arruinando para siempre la alegría de mi corazón, toda, y que quizás, probablemente, ya no podría recuperarla nunca, ni siquiera en otra realidad si no escapo ahora, en breve a lo sumo, en muy breve, o termina a tiempo esta que ya va pareciendo pesadilla.

Estados alterados

Debo confesar honestamente que iban a publicarme
        otro libro de poemas.
Eran unos versos diabólicos que me suicidaban,
en los que yo no escribí lo que quería decir,
sino lo que estaba más o menos seguro
        que deseaban que escribiera
        o algo así
pero que, al mismo tiempo,
nadie me había pedido que escribiera.
En fin, la autocensura
        o la censura perfecta
ese abismo en el que la soledad y el sistema
        te despeñan prodigiosamente.
Al borde mismo de la imprenta
        al parecer como quien se salva
corrí de nuevo, esta vez de propio intento,
hacia el limbo amargo de la marginación
        o de la automarginación
con la que terminan, por último, culpándote.

Tal vez solo sé componer estos poemas

Tal vez no sé componer poemas oportunos.
Versos blancos, con palabras armoniosas
      convenientes
      más o menos alusivas
      de prestigio poético consolidado
o sonetos pletóricos de oficio, comedidos
con metáforas y símiles siempre elegantes
      profesionales, publicables
opuestos a la tendencia chabacana de la última poesía,
vueltos al redil del rigor acuñado por los siglos
      y los siglos
como salvados por siempre jamás.

Quizás solo sé componer estos poemas a contrapelo
      a menudo con prosaísmo, hirsutos
      irreverentes, de loco
      de suicida
desde los que pego gritos desaforados;
en los que se escuchan golpes de corazón
      dudas, contradicciones
      explosiones del alma
que no siempre caben en palabras,
de los que no siempre uno está seguro ni para qué sirven
y entonces se quedan allí, omnipresentes

>   como ánimas en pena
>   como presencias impalpables y concretas
> como certidumbres, mirándonos y mirándonos
>   desde el trasfondo de los versos
> con sus ojos fijos, grandes, azorados.

¿No me quedará más remedio que olvidarme de mí mismo?

Si no recibo estímulo y alegría verdaderos, pronto,
creo que el día menos pensado se me parará el corazón,
o algo se romperá definitivamente en mí.
He vuelto a alimentarme de angustias y quebrantos,
cosa esta mala, muy mala,
porque, ¿qué le dan al que solo ofrece tristeza?
Pero, ¿qué puede reciprocar aquel que solo la recibe?
Me convertiré en el reverso de un ser humano,
      en su contrasentido.
Casi ya no me conozco del que fui.
Seguirán rechazándome en un círculo vicioso
en el que terminaré rechazándome hasta yo.

¿No me quedará más remedio que olvidarme de mí mismo?
¿Tendré que imponerme irremediablemente
ser feliz con las alegrías oficiales?
Pero con sinceridad lo digo,
no sabré qué hacer con tantísima tristeza
      que anda suelta
         atravesando a tanta gente.
Y tengo tanto miedo de que todo siga girando
      y girando.
Tengo tantos tanto y tantos todo
      que ya estoy al borde de no resistirme.

Entonces era solo uno quien moría

¿Qué se hizo ¡oh, Dios! aquella alegría mía
      de vivir?
Porque sí, yo tuve, lo recuerdo bien,
alegría de vivir aun en medio de la ruina.
Quiero decir que entonces podía ser solo uno
quien moría en medio de la realidad
      que vivía a borbotones,
mientras que ahora es la realidad de este país
      la que se muere
con uno pataleando para no morir con ella.

Autorretrato

Ese que está ahí
      pataleando por el aire
zurumbático
      como de espalda
Ana Julia,
      ese soy yo.

Probablemente nunca alcance a escribir todos los poemas que debiera

Vivo meses perdido en la ciénaga de la depresión, turulato,
desperdiciando el tiempo, el irrepetible;
mal atendiendo a mi familia, que ve impotente
cómo me le voy enloqueciendo entre las manos,
enloqueciéndola a mi vez con mi neurosis *in crescendo*
y la morriña insoportable que rezumo hasta por la crisma,
por el pelo, por el alma, por el aura retinta
que me envuelve consuetudinariamente.

Por momentos, me alumbran ráfagas de lucidez
y entonces me pregunto, ¿desde cuándo no haces el amor?
¿qué día fue la última vez que te reíste?
¿cuántos amigos te quedan?
¿qué tiempo llevas sin escribir una metáfora, un símil,
una línea, una simple palabra al menos
que te vincule aunque sea al lirismo elemental
de una nube que pase por el claro cielo?

La gente que me quiere dice que son mis justificaciones.
Sacúdete —me aconsejan—; no sigas bebiendo tanto;
corta por lo sano; renace, reafírmate;
deja la ruina y la desintegración para esta realidad
        de absurdo y disparate.

No pierdas ni un segundo; rebélate con cordura; escribe;
usa al máximo posible el supremo privilegio de la libertad
    del verso a medianoche,
a la hora que puedas;
Ejerce cada vez más la dulce venganza de la poesía.

Crítica

A Octavio Paz

Me queda un amigo que quizás tenga toda la razón
cuando argumenta por qué no le gustan mis poemas.
Dice que alimento excesivas ilusiones
      y esperanzas infundadas;
que me lamento demasiado sin sentido,
que el rumbo de mis acusaciones
      está totalmente equivocado.
Casi todos somos culpables, enfatiza.
Casi todos, ilusos, apoyamos; creyentes,
aplaudimos en algún momento,
nos comprometimos hasta el cuello con el delirio
      a su imagen y semejanza
      apóstatas solo de última hora
      del fracaso, personal o colectivo
tal para cual de esta región del mundo
      que parece sin remedio
      (¿o me dijo perece?)
surgida de la *excrecencia famélica de un pueblo europeo*
      soldadesco y retrasado
descendientes de esa *tribu áspera e inculta;*
del aniquilamiento impiadoso del fino espíritu incaico
      de la potencia azteca

mediante el sortilegio de la tecnología
y las enfermedades del alma y la materia;
del infortunado primitivismo africano
contra el que cínicamente nos advirtió para siempre
      José Arango y Parreño.
Tierras inconstantes, imprevisibles
imprevisoras
condicionadas por el delirio, la violencia,
      la corrupción, la incapacidad
      la abulia
el caudillismo, los endiosamientos cíclicos;
fanáticas, estoicas casi hasta el masoquismo
      balcanizadas
víctimas propicias de las que se han aprovechado siempre,
de las que no se piensa que sea la primera ni la última vez
que les acontezca padecer en vano de ilusiones
y de esperanzas descomunales destinadas al fracaso.
Tierras enfermas, de las que no debo esperar mañana
      lo que no me dieron ayer;
que parafraseando lo que amargamente dijo Machado de la
      suya,
      pasaron y no han sido.
Tierras de las cuales resulta indispensable escapar
      no más se pueda
y olvidarlas a su suerte para siempre
      como si uno fuera un traidor.
Tierras que te matan,

en las que la poesía sirve para poco,

en las que no debe ser, no es, afirma

esa fijación enfermiza con la agonía de lo temporal

      (intemporal ya a fuerza de reiterarse)

entrecruzada de ilusiones y esperanzas

      también cíclicas

en las que me ve empantanado;

ni tampoco esta acusación terrible, por muy cierta

que sea, eso opinó al leer este poema;

sino el talento capaz de atrapar lo perdido

      lo que falta

¿Qué es lo que falta, que la ventura falta?

lo que se escapa, *¡ah, que se escapa!*

y plasmar su definición mejor

      realmente intemporal

cincelándola como un orfebre inconcebible,

consciente de que pule la maravilla para la incomprensión

      el desconocimiento

      el anonimato

o, a lo sumo, para la pupila solitaria de los iniciados.

Ermitaños de la represión

Al borde del infarto, tragando bilis diariamente
        ermitaños de la represión
¿cuántos en la sombra escribimos palabras como estas?
sin poder no ya leernos un poema
        sino ni siquiera hablarnos
precisados a renunciar inmisericordes
al consuelo de la amistad y las confesiones,
conocedores a ciencia cierta de que la Seguridad,
auxiliada por un ejército
        de los más insospechados informantes,
busca diligente, ágil, agresiva, nuestros textos,
        decidida a todo.

El silencio es la gran revelación

El silencio —afirman— es el gran revelador.
Escuchar el silencio más total del corazón
y de la mente.
      Esa es la clave.
Pero es difícil —aseguran— aproximarse
a ese puro espacio interior;
muy arduo detener el galope de la mente
y el alboroto emocional del corazón;
complejo descifrar los símbolos, señales,
la clara lengua inequívoca del silencio.

¿Qué podría encontrar en mi silencio
más total?
Dicen que puede depositar en mi mano torpe
el sobrevivir por la vida, o
      la incertidumbre del acoso
y la esclavitud infinita de la inmediatez,
o, como si nada, esperanzas sin fundamento.
Dicen también que puede callar,
abandonándome en una orfandad irremediable.

El silencio —me alertan— puede ser aterrador.
Pero si escucho y escucho —me alientan—
con infinita paciencia

        su voz inconcebible
el silencio puede brindarme la absolución,
el sosiego; el rescate o el renacimiento
        ¿quién sabría?
de mí mismo; la verdad, la paz
        la auténtica voz de Dios.

Así, intento detener el galope de mi mente
y el alboroto emocional del corazón.
Quietísimo me quedo
        extendidos los oídos al silencio
a ver si me ilumina para siempre.

¿Quién le desenreda el alma?

¿Quién le desenreda el alma?

Mi amigo Otto Fernández está apagándose
y yo no lo quisiera.
No le creen que le duele el corazón
y los riñones.
Le aseguran que no tiene nada,
como si dolieran solo de hipocondría,
angina, estreptococos.

Pero, ¿quién le insufla otra vez
la gana de vivir?
¿Quién le dice que no
que no ve lo que está viendo?
¿Quién podría desenredarle el alma?

Mi amigo Otto Fernández
está muriendo de hospital, de silencio
de sí mismo, de nostalgia.
Cae solísimo, sin remedio al parecer,
sin vislumbrar cosa alguna en qué aguantarse,
al abismo del recuerdo
y lo que pudo ser.

Mi amigo Otto Fernández, si no escapa,
se va a apagar.

Negra sufriendo

A Dulce Bolumen

Las ilusiones perdidas pesan ya demasiado
           en el corazón de esta negra
enajenada y fina.
Se queja de los blancos.
Dice que solo desean su cuerpo, prieto y bello
como el inabarcable espacio sideral,
mientras dejan su alma tiritando sola
en el último fondo de su fondo.
Se queja de los negros.
Afirma que en general le parecen abrojos,
erizada manigua intransitable todavía.
Se queja de la vida.
Alega que no ha encontrado un hueco por donde escapar
           que sobrevive en una barraca
           que el tiempo se le va y la desespera.
–Nada me reanima–, declara desde la densa bruma
de angustia y desconsuelo que la envuelve.
Su cabeza atolondrada se inclina y cede
           como un gajo seco
mientras se va partiendo entre crujidos.

Olivia

Eran los años en que la *Aragón*
      y *Bill Halley y sus Cometas*
nos tenían el alma a partes iguales conquistada.
Indiscriminadamente bailábamos con ambos
en su sala de ensueños y pasiones.

La flauta de Richard aún me recuerda el calor de su piel.
Sus tonos cortantes, solemnes y secos
      en el *Bombón Cha*
o sus estertores largos y medio roncos
      en las *Tres lindas cubanas*
nos transportaban a una atmósfera fantástica
en la que desaparecían los muebles, las cortinas,
      los espejos
y quedaban solo los ojos
cavernas en las que nos despeñábamos prodigiosamente
acompañados del sonido interminable
      interminable y divino
deseado justamente así
porque engendraba en nosotros un deseo
      interminable y divino.

      Después,
el delirio ululante de la guitarra de Bill

acababa por aturdirnos.

¡Ah, qué manera aquella de extasiarnos!

¡Qué torpeza la de los que confundieron aquella fusión
> inocente y sublime

con penetración cultural!

Todavía la nostalgia de sus ojos y su olor

desciende sobre mí algunas tardes,

mezclada con el deseo que el baile exacerbaba
> siempre sin saciar

entre el roce de las vueltas y las vueltas.

La mujer desnuda del espejo

Cada noche
bajo la luz asesina del bombillo
y el ojo imperturbable de la silla,
la mujer desnuda del espejo
hace rodar crueles miradas de microscopio
interminables
por su piel amarillo-ceniza,
su cuerpo enteco, sus senos,
frustrados por algún motivo.

Cada noche
pasa su mano
con increíble saña
sobre el magro sexo,
mientras ríe histéricamente
de la mujer que en medio del cuarto,
arrodillada,
envuelta en sí misma,
llora.

Después
la mujer desnuda del espejo
se burla por último
acostándose sola cada noche.

Como vive una flor junto a un pantano

Aquella muchacha impoluta,
a todo color, bellísima, rutilante,
como una estrella de Orión,
que irradiando energía, vida a borbotones
alcancé a ver una tarde, como flotando
¿o flotaba?
surcando la realidad
evidentemente incontaminada,
inatrapable por su influencia demoniaca,
como puerta abierta a la esencia de la vida,
como símbolo, semilla fantástica
que espera la primavera para germinar,
crecer irrefrenable hacia el infinito
y mostrar su flor insólita, ¿o germinó?
y resulta que ya no tengo ojos para verlo
y es como aquella mujer que vio Graciano Gómez
en el hondo precipicio del repugnante lodazal humano,
conservando inmaculada su pureza,
como un astro su luz entre las sombras,
haciéndole pensar
que hay quien es capaz de vivir junto al vicio
como vive una flor junto a un pantano.

Solo en el reflejo y el agua

Esas ciudades implacablemente deshabitadas de José Cid
surgiendo hasta del cielo
armónicas, impolutas, claras como el hielo del ártico
¿qué intentan decirme?
¿Cuál es la clave de esos dos únicos seres solitarios
que puso en sus cuadros?
Aquel, casi inapreciable, tras una ventana pequeñísima
como en un centésimo plano
perdido entre otras miles de ventanas, vitrales alucinantes
urbanizaciones insólitas
cúpulas fantásticas, pendiendo de su soga,
exhalando un inconmensurable desamparo
que brota como un grito inconcebible de su enorme pequeñez.
Pero, sobre todo
¿de qué me alerta ese puente desierto de piedra?
que al reproducirse en el agua del manso río que cruza
muestra a una niña meditabunda y triste
sentada en el muro del reflejo y el agua
solo en el reflejo y el agua
mirando su imagen inexistente.

Arpegio pianísimo de guitarra

Conocí a una muchacha dulce como el susurro
de la floresta en primavera.
Tuve su tibio y atolondrado corazón entre mis manos.
Sonaba como un arpegio pianísimo de guitarra.
Me entregó el temblor absoluto de sus senos
su savia más profunda y pura
la contrastante sorpresa de su pasión calcinante
y el latente manojo de la angustia más completa.

¿Qué más puede ofrecer una mujer?

Yo me hundí para siempre en sus ojos
desconcertados y bellos
como solo pueden serlo los dorados árboles del otoño,
en su vientre mediodía
donde el filo amargo de la realidad
nunca pudo alcanzarme.

Nuevamente solo contra el viento
¿qué puedo decirle a la vida?
como no sea de todo corazón
que le agradezco aquella tregua de felicidad
y olvido.

MISERIA DE LA POESÍA

MISERIA DE LA POESÍA

1

La diferencia abismal
entre la realidad de nuestros cuerpos
cuando estallaban unidos
(¿podrás olvidarlo alguna vez?)
y la frialdad de estas palabras
con las que ahora intento evocarlos,
acorralado y solo,
definen la desgracia de la memoria
y la miseria de la poesía.

¿Y qué hago entonces yo
escribiendo estas palabras?

2

¿Con el poder de qué verso
hubiera podido yo aniquilar
aquel brillo letal de incertidumbre
y hastío irreversible
que impotente vi anidar un día para siempre,
como un pájaro tristísimo de pesadilla,
en el fondo dorado de tus ojos?

3

la presencia y la figura
se van, queda su memoria.
¿Qué hacer, di, con la cordura?

Y de aquella oscura mano,
¿qué hacer, di, si ya se ha ido?
¿sabes tú, Manrique, hermano?

4

No palpitando en el papel
sino en la vida
aquí conmigo te querría,
dorada y pujante al sol.

Queden las quimeras
fuera de estas hojas.

5

Nadie sabe en realidad
de qué forma has quedado en mí.
    Nadie
    ni tú.

No hay símil
        metáfora
        palabra
que alcance a definirlo justamente.

Es inútil por completo, pues,
continuar escribiendo este poema.

AMBIVALENCIA

Exploración de la poesía
GABRIEL CELAYA

La increíble debilidad del verso

Acorralados por la potencia adversa y agresiva
      de la realidad;
arrastrados por el tiempo, el poder, la ruina;
cercados por el mar, las paredes, el miedo,
la noche misma
      solos con nosotros
      patéticamente solos con nosotros
      inermes, locos por cambiar la vida
de pronto, de una forma asombrosamente clara,
podemos descubrir la increíble debilidad
      del verso.

Con el gesto profundamente comprensivo

A José Manuel Poveda

La poesía como absoluto
        exilio
escudo contra la lobreguez
y el desamparo
¿pudo protegerlo?

La palabra soberbia de serenidad,
el verso altivo,
cincelada orfebrería mental,
y la autoimpuesta paz interna,
¿de qué le sirvieron?

Coral fantástica en el vacío
      pura pose
de un alma sin atención y sin afecto.

Ánima arañada fieramente.
Luz deviniendo hacia la tiniebla.
Sombra alucinada.

¿Supo que no hay verso capaz de conjurar
la terca y tenaz imposición de la realidad?

Indagador de flojo corazón.

Víctima del silencio.

Precursor perdido.

Ambivalencia

Con el poema es posible aniquilar la nostalgia
      mientras aletea,
apretar entre las manos el olvido,
matar al enemigo cuantas veces se nos ocurra,
poner en el cielo un globo iridiscente,
así como otros muchos prodigios semejantes.

Pero entonces el poema es también
esa puerta que se cierra, ese cuchillo;
ese juego de niños,
que termina no más se abandona la hoja;
esa oscuridad de la que es imprescindible huir;
ese absurdo mecanismo de defensa,
esa fantasía.

Ya Julián del Casal acabó, joven y triste

1

Es dulce hacerse fuerte
porque la vida, ya se sabe, es guerra.
No es dudosa la maravilla del combate.
Caer, si es necesario en la batalla.
Perder progresivamente el sentido,
mientras que una blanca espiral te devora.

Es dulce ver cómo crece la Belleza
y se esparce por el mundo, lenta,
un poco más después de cada combate,
dejándole cada vez menos espacio a la lechuza,
a la araña, al polvo del rincón.

¡Así, qué importa el veneno
que pueda caer en el alma!
¡Qué importa que la vida no alcance
para verla extendida por completo,
blanca!

2

Sin esa guerra,
no pudo encontrar la Belleza por el mundo.
Fue devorado por el impuro amor de las ciudades,
poseído por *la poesía nula*
y de desgano falso e innecesario.
Se quebró su humanísimo corazón de porcelana,
la angustia tuvo para siempre sus papeles
y comenzó su asfixia
en medio de todo el aire posible,
su sueño con un país de eterna bruma,
en el que la nieve alfombraba los caminos
y el aire se poblaba de salvajes pájaros.
Un país al que hubiera querido partir,
mas no partía, porque estaba seguro
de que al instante querría regresar;
consciente de que estaría esperándose,
con los ojos anegados de soledumbre,
la capacidad de vivir en bancarrota,
la corbata mustia,
el fleco indescriptible de la frente
y los descensos abismales del espíritu
(es uno mismo quien tiene que ponerse en el corazón
el canto alegre de la vida).

Sin esa guerra,
la vida lo enredó de pronto,
en un inesperado y paradójico final,
negándole el tiempo para tenderse en la bañera
donde le hubiera gustado
que serpenteara el rastro de su sangre.

Y después,
los que bebieron por él el tósigo finisecular;
los que aprendieron a amar,
viéndola en sus ojos, en sus papeles,
la eterna y falsa huida:
la Borrero, allá en los Puentes Grandes
o en el Cayo,
con su mirada de animal acorralado,
languideciendo inútilmente
en el fondo poderoso de su alma.

Sin esa guerra,
fue un verso alado,
una avellana pura,
mitad piña y mitad ciruelo;
un puñado de versos
impresos en papel infeliz;
un poeta al estilo de la época;
un irremediable provinciano,
en el que el amor, la patria,
la familia, solo vivieron un instante.

Sin esa guerra,

la poesía, el cristal tallado,

la levedad japonesa,

las vidrieras de múltiples colores,

el lecho de marfil, sándalo y oro

en el que deja la virgen hermosura

la ensangrentada flor de su inocencia,

no significaron nada.

Jamás lograron compensar su alma.

Fueron apenas ese vaso de porcelana azul,

bellísimo;

esas palabras desesperadas,

exquisitas y amargas

en las que se asfixió siempre,

envuelto en un denso

pero inútil encaje de la China.

Simples versos

No deseo que mis versos
suplan o compensen
ninguna realidad
    (un seno temblando
      una bala feroz
      una mano perdida)
porque sinceramente
creo que la realidad
no puede ser suplantada por los versos
ni estos por aquella.

Solo aspiro
a que sean lo que son:
simples versos
que intentan decir
las cosas que quiero decir.
Ni más,
    ni menos.

Poética

1

El poema debería ser un objeto pulido
y duro,
un medio de comunicación concreto y simple
      como las cosas complejas,
útil como un instrumento de trabajo,
incitante como lo desconocido
irrebatible y objetivo como la ciencia,
iluminador como un descubrimiento,
sintético y sugerente como una mirada,
palpitante como un corazón,
inagotable como el infinito espacio sideral,
bello como la Cabellera de Berenice,
fantástico como la realidad.

2

La fantasía, la belleza, la síntesis
la angustia, hasta la infinitud
están al alcance de un mortal.
Pero la objetividad
      ¿quién puede tenerla?
¿Cómo escapar a ciencia cierta
      de lo subjetivo?

Elogio de la poesía

¿Qué es poesía?

Si escribo que uno se pasa el puñetero día
        buscando qué comer
y otras desgracias por el estilo,
con jabas de urgencia en el portafolio
        ¿es poesía?

Y el hálito mortal que exhalan
        esas palabras sicóticas de inmediatez,
y el arañazo irreparable que esa vida
        te marca en el ser
ensombreciéndolo que espanta
        ¿qué es?

Los impecables de la literatura

¿No los oyen graznar, enfundados en sus trajes de profetas?
Hace años que están alrededor de la mesa redonda con su
   majomía.
Analizan la poesía de este tiempo por todos sus costados.
Solo ellos tienen ojos para verla.
La envuelven en humo de tabaco, aliento de ron o de café.
La sepultan con palabras, pero no la tocan nunca.
Algunos, los menos coherentes,
intentan escribir el poema que hubiese aplaudido Mallarmé.

Solo ellos conocen las imágenes aceptables para el verso,
los contenidos permisibles del poema;
solo ellos saben valorar de modo consecuente a Stalin;
solo ellos pueden interpretar las vueltas en la cabeza del
   político;
solo ellos saben amar a la Revolución hasta la empuñadura;
solo ellos tienen en sus manos la verdad,
pataleando como un pollo;
solo ellos, con sus varas de mago, saben saltar hasta el futuro;
solo ellos pueden decir las palabras más dulces sobre el
   presente,
desde sus pedestales más o menos encumbrados
de asalariados dóciles del pensamiento oficial.

Allá las putas

Como las putas, le cambian al poder
        dignidad, prestigio
        poesía inocua
por ediciones para el olvido
        pacotilla
y comprometedor reconocimiento.

Ronda

Baile usted,
que lo quiero ver bailar.
Y si no la baila,
le doy castigo malo...

¿Y si no la bailo?
Aunque me den con una soga,
aunque me peguen con un palo,
aunque me den castigo malo.

Me resisto a creerlo

¿Por qué con tantísima frecuencia
      la verdad parece inoportuna?
¿Es realmente una necesidad social
      que ciertas cosas sobrevivan
      como si no existieran?
¿Habrá siempre épocas
      en las que en el poema
solo quepan amores, suspiros,
la ortodoxia, pura o disfrazada,
      la evasión?
¿Será inmadurez congénita, incurable,
      que me resista a creerlo?

Yo querría ofrendarle a la poesía la verdad

Qué más quisiera yo que ofrendarle a la poesía
        la verdad.
No mi verdad, o la de otros,
sino la verdad, como quería Machado.

Pero no tengo más remedio
que rendirme a la punzante evidencia
de las toneladas de información *top secret*
que en el momento preciso
se encontrarán siempre
fuera del alcance de mis ojos.
No me queda más opción que soportar
        con amarga lucidez
la manipulación irremediable, constante,
        sin respeto
con que bombardean los pobres oídos de la gente.
No me dejan otra alternativa
que soltar a la poesía para que corra
        jíbara como un venado
        por el monte y la sabana,
y escribir estas palabras sin autocensura
        ni mordaza
        personales
condenadas de antemano a quién sabe cuánto silencio,
como si fueran uno más de esos documentos
        altamente confidenciales.

Vivir la vida no es cruzar un campo

La gente no sabe a ciencia cierta ni qué podrá comer mañana,
¿cómo ofrecerle entonces poemas sin iluminaciones,
metáforas y símiles miméticos, indescifrables, habituales,
o decrépitas consignas de sobra fracasadas, repetidas,
como en el plagio de un libro donde el autor
apenas se toma el trabajo de cambiar las palabras
y la argumentación,
dando por sentada la ignorancia o la estupidez de los lectores?

Vivir la vida no es cruzar un campo,
¿cómo escribir solo décimas o sonetos más o menos
impecables
a los tomeguines, las pomarrosas,
o a la alquimia imposible de revivir en los versos
la alucinante realidad del temblor de un vientre desnudo
en el clímax de la pasión,
tergiversando con exposiciones teóricas,
también más o menos habilidosas sobre la libertad de creación?

¿Y dónde dejan tiritando la incertidumbre de la gente,
su crisis de conciencia en este momento de lo cubano?

¿De qué se quejan cuando argumentan que la poesía
apenas tiene lectores,

que se tienen que pasar la vida, los libros,
leyéndose y elogiándose los unos a los otros,
llegando a veces al colmo de cuestionar la sensibilidad
 de los demás?
¿Por qué se asombran de que muchísimas personas
opinen que los poetas somos unos comemierdas?

A pleno sol

Tras de aquellos que en vano
      sin siquiera angustia
intentan con el alma en vilo
evadirse de la realidad
a través del sereno
      etéreo
vuelo de una gaviota
o cualquier otro artificio parecido,
¿cuánta falsificación de la vida,
a pleno sol,
se trafica impune?

Hacia los campos de girasoles de Van Gogh

Yo no tengo nada en contra de la Belleza.
Por el contrario, me arrebata
un campo florido ondulando al viento de la tarde.
Embriagarme de colores
      blanco nube
      rojo súbito
Yo también a veces casi enloquezco
y desearía evadirme para siempre
en el campo de girasoles de Van Gogh.

Pero no hablo de cosas obvias y lógicas.

Hablo de cortarle para siempre las alas
a cuanto nos provoca esa oscura necesidad
de perdernos huyendo
en el campo de girasoles.
Hablo de poder entregarnos a la Belleza
      limpios y puros
por el simple y alucinante gusto de extraviarnos
en el indescriptible asombro del amarillo.

Desde la punta de la espina mayor

    A veces
me gusta hundirme en el rojo sangre de las rosas,
en la textura increíble de sus partes.
Perderme, anonadado, entre sus pétalos.
Pararme, con todo cuidado,
en la punta de cada espina
y marearme, igualmente perdido,
    entre el brusco contraste del verde,
mirando arriba, abajo, a todos lados,
    pero lejos, el rojo sangre
como si fuera a ya no tenerlo para siempre,
parado en la punta de la espina mayor.

Más allá de la poesía

Hay momentos en los que uno
       desesperado
puede llegar a precisar
de cosas mucho más concretas
       que un poema.

¿Quién sería si nadie me recordara mañana?

Pero si no me agarro aunque sea de un verso,
de una palabra al menos que me explique,
depositaria piadosa de mi angustia
      o mi denuncia;
si permanezco mudo, inerte
      cobarde
      zurumbático
      como de espalda
pataleando por el aire;
si permito que el corazón
se me pare realmente;
si facilito que me desintegren
      autoaniquilándome;
si no intento dejarle a la gente que amo
un sueño que la impulse
como a un velero bellísimo,
indescriptible en el lenguaje de la poesía
¿quién podría ser?
¿Qué quedaría de mí
si no queda la comprensión
y el amor de mis compatriotas,
si no alcanza a existir?
      ¿Quién sería
si nadie me recordara mañana?

Un buen poema

Un buen poema no es un arma
ni podrá serlo nunca.
El mejor poema no podría eliminar
ni una sola miseria de la vida.
Un buen poema es y será solo eso:
un buen poema.

Pero un buen poema
es capaz de conquistar el alma
de los hombres que podrían eliminar
cualquier miseria de la vida.

Elogio de la poesía

1

Ambivalente y contradictoria como el alma;
misericordiosa y resurgente como la esperanza;
inabarcable y eterna como el tiempo;
infinita y fecunda como la vida.

2

Eres como el aliento en medio de la derrota
y de la muerte;
como una casa adonde nunca nadie fue a herirnos
(una casa blanca, rodeada de buganvilia,
en la que el viento canta
y sofoca el olor de los girasoles);
como un planeta en el que los astronautas
siempre se ampararon
del inagotable espacio sideral;
como la serenidad de la pradera, el sol,
las altas nubes;
como tierra de promisión;
como cuchillo;
como la pureza, el fuego;
como la felicidad

tocándote al final del acoso;

como el ser humano, en fin,

que sube y baja escaleras en tinieblas,

tantea, cae, se levanta,

se sacude el polvo,

reniega de su insuficiencia,

vuelve a ponerse el alma,

corta una flor, sonríe

como si nada, y sale otra vez

a conquistar la luz.

Homenajes

Político y poeta

A José Martí

Jamás dijo lo que no debió decir
ni calló lo que no debía callar.

Creyente de que la poesía
      tiene su honestidad
sacó todo lo que en el pecho tuvo
de cólera y horror.
Nunca la pintó de gualda y amaranto
para gusto de encasacados dómines.

Espantado de todo,
      organizó la guerra necesaria,
convencido de la utilidad del sacrificio,
crédulo de la virtud
      y el mejoramiento humano.

Amó la vida
porque del dolor de volverla a vivir
lo salvaba
    (¿quién que vivió
      volver a vivir quisiera?)
pero a vivir no tuvo miedo.

Vivió, aunque se había muerto,
sin queja, porque la queja, dijo,
es cosa de cobardes, de mujeres
y de aprendices de la trova.

Todo lirio
      alma de pétalo de rosa blanca
      y poesía
supo montar en el caballo
morir de cara al sol
como los buenos
      todo luz
      aliento
      poesía
y alma de pétalo de rosa blanca.

Fue una palma altísima cantando en el manigual,
águila herida que levanta el vuelo,
unicornio alucinante galopando cielo arriba,
puerta que siempre estuvo abierta,
cosmos.

Eternamente se lo agradeceremos
      Rubén Darío.
No solo con palabras se hace poesía.
Como la yerba, su verso y él
crecen en nosotros.

No solo con palabras

A Rubén Martínez Villena

Pudo ser un poeta suicida que repartiera luz
        contra la hiel del mundo,
o asilarse en el limbo de las lilas
y la autocompasión.

Pero antes que el poema mejor,
        buscó la guerra
aunque era poeta hasta de espaldas,
        yéndose, callado
a destrozar sus versos.

Flor, leve viento, nube,
cristal apenas físico,
fuerza sin cuerpo donde arder,
apagándose como un atardecer inimaginable
        bellísimo.

Luz en la tiniebla, camino,
puente, entre el sueño inconcluso
y el desamparado corazón del hombre.

Su mayor dolor no quedó sin ser dicho.

No solo con palabras se hace poesía.

Nos acercó aquellas nubes tan altas

con sus alas tan cortas,

con su anhelo sagrado,

con su pupila insomne.

Ciertamente,

ya duerme con el párpado abierto.

¿Qué fuerza lo empuja hacia la altura?

A Eusebio, compañero
en la 7ma. Brigada de Construcción Industrial

Camina por el borde del panel nervado

o sobre el lomo de la viga de 18 metros

como un artista, pero sin red,

sin luces, sin aplausos;

como poeta sin reconocimiento

ni ediciones.

¿Qué fuerza lo empuja hacia la altura?

La losa doble T pende sobre su cabeza

y desciende, lenta.

Brama el motor de la grúa.

Pasa un pájaro y canta.

Él ni lo ve ni lo oye.

Él espera el indescriptible canto de las piezas

cuando al fin descansan una sobre otra.

Se afana con el equilibrio y con la losa:

un error y su mano ya no sería más su mano

o su cuerpo ya no sería más su cuerpo.

¿Qué pasión le hace irresistible el riesgo?

¿Qué fuerza lo empuja hacia la altura?

¿Somos nosotros aquellos?

A Armando Mestre,
asaltante del Moncada

Su sueño adolescente fue escalar la colina universitaria.
Quizás se imaginó espantando a su paso las palomas,
que aleteando escapaban como si fueran a posarse
    sobre la ciudad.

Eso fue cuando la construcción era el hueco
    en el que muchos soñadores caían pataleando;
cuando era una de las escasas puertas que se abrían
para que los que agonizaban lentamente
    pudieran continuar agonizando,
atravesados por casas, palmas y playas inaccesibles.

Eso fue también cuando la pureza
    ponía un brillo iridiscente en sus ojos
y la buena voluntad era un impulso irrevocable
    de su sangre.

El Ministerio de Obras Públicas
    secó su aspiración adolescente.
Las palomas de su sueño
    se ahogaron en la mezcla oscura del cemento.
Una por una, las sepultó en las paredes inútiles,
    ajenas, carísimas, que edificaba.

Fue entonces, sin duda, que comenzó a soñarnos,
claros y ciertos desde la oscuridad de sus días.
Con nosotros en el alma disparaba en el Moncada.
Imaginándonos seguramente recibió su bala mortal,
como quien ama, como quien escribe un poema,
como quien construye una industria,
como quien mantiene encendida una luz inextinguible
     en la noche más oscura de su tiempo,
como un personaje irremplazable
     inventado por el sueño de algún desesperado.

¿Somos nosotros aquellos, los claros y ciertos
     que alentaron en su alma?
¿Es esta la realidad por la que supo dar la vida?

Para que no se oyeran sus palabras

> *Mas nada es para mí la cruda guerra*
> Juan Francisco Manzano

Para que no se oyeran sus palabras,
Matanzas lo vio pasar, noche tras noche,
sombra de librea, detrás de aquel quitrín.
Para que no se oyeran sus palabras,
pusieron los geranios y los libros
fuera del alcance de sus manos
y amordazaron su lengua pura.
Para que no se oyeran sus palabras,
lo encerraban solo tanto tiempo
que olvidaba el sonido de las voces.
Para que no se oyeran sus palabras,
los perros mordieron su mandíbula
y lo hicieron correr delante de un caballo
hasta que pensaron que se olvidaba de sí mismo.

No obstante, claras y fuertes,
nos llegaron sus palabras.
En verdad, logró hacer obra notoria.

En cambio, sus verdugos, sus agravios,
sus látigos, sus perros,
¿qué se hicieron?

Yo no sé qué fuerza enorme sustentó su alma,
yo no sé, pero quiero amarlo;
quiero que sea otro de los que cante,
de los que recuerde y lleve en el corazón,
mientras escribo y oigo el aleteo de un tomeguín,
allí mismo, casi al alcance de mi mano.

En el reino de la imagen

A José Lezama Lima

¿Quién piensa que escapaba de la realidad a través de la
   palabra?
si la palabra era su talismán querido para hundirse en lo real,
en la esencia de las cosas, en el reino de la imagen.

Cazador infatigable de lo más intemporal de lo cubano.
Descubridor del arco invisible de Viñales,
del coche musical, del leve paso del mulo en el abismo,
de aquellos otros pasos breves, evaporados;
de lo que se escapa, *¡ah, que se escapa!*
en el momento preciso que alcanza su definición mejor.

¿Por qué tanto mal discípulo de lo que jamás fue maestro?
si nunca fue hermético, indescifrable en ese sentido,
sino límpido, transparente como el más *oscuro esplendor,*
como la luz de Cuba,
como el etéreo humo de su tabaco inseparable.

¿Oye alguien mi canción? alguna vez se preguntó.
Ocupados en sobrevivir, atravesados por este *oscuro tiempo,*
en el que hablar de árboles es casi un crimen
porque supone callar tantas injusticias;

groseramente manipulados esos conceptos,

tergiversado el disfrute de la Belleza pura;

con sus libros y él mismo marginados por tanto tiempo,

escogidos y publicados después

en ediciones de urgencia, por compromiso,

por no hacer el ridículo,

por hacerse los estéticamente liberales,

pocos, en verdad, hemos podido oír a fondo su canción.

Pero alguna vez seremos bellos y libres

y aprenderemos todos a escucharlo para siempre.

Entonces ya no estará tan solo en el reino de la imagen.

En una hoja de papel

¿Quién su vaso de amor dio al que moría?
REGINO PEDROSO

Debe ser duro nacer cuando de cara al sol,
      sobre un caballo blanco, acaba de caer
      la mayor inteligencia de la patria;
cuando han sido detenidos los sueños de los héroes,
      sus machetes, sus caballos.

Debe ser duro escapar por la ruta de Bagdad
en una hoja de papel
con el alma incrustada de gemas imposibles,
huyendo de una realidad en la que solo te corresponde
      la derrota,
el golpe del martillo, la frustración,
la muerte a plazos, la venta a trozos
y la esperanza, que quiere morírsete en el fondo del alma.

Y de pronto, ver surgir nuevos líderes.
Reconocer en sus sueños los otros, los derrotados.
Sentir en sus palabras que el fuego vuelve a arder.
Romper con las quimeras.
Reconciliarse con la realidad.

Dejar que brote del alma un himno nuevo.
Dar voz al martillo, a la mandarria.
Saludar fraterno al taller mecánico.
Hacer que la cólera de la clase obrera,
su amor, su esperanza inmortal, estallen en el verso,
como quien grita, como quien patea,
como quien muere de amor sin desahogo.

Debe ser durísimo quedar de nuevo entre apóstoles negados,
muriendo en agua corrompida, todo descendiendo:
sueños, ansias, voces puras,
mientras que en la tierra todo oscurece, todo se duerme,
bajo un aguacero largo y riguroso,
y una nada vital va estancándose en el corazón de la
        república,
va depositándose en el fondo del son, en el choteo,
contrapuntos de la desgracia,
tal y como si fuera a resultar cierto al fin
el frío que antes que a todos paralizó a Casal;
cierta su locura amarga, su neurosis galopante,
proféticas sus oscuras palabras solitarias.

Debe ser durísimo emerger crédulo.
Sacudir el irreprochable y atolondrado corazón.
Ofrecer el vaso de amor al que moría.
Lanzar, fraterno con el dolor, la voz al viento,
seguro de que la voz del poeta crecería por encima

de la noche, del crimen, de la espada;
seguro de que de algún modo sobre el mundo
．．．．．．se asomarían sus imágenes:
en un beso de amor, un grito de vida o una gesta guerrera;
seguro de que el hombre, vencedor del sufrimiento,
espera en una tierra madura de alegría.

Es cierto que se fue, de nuevo en una hoja de papel,
esta vez hacia la China.
Mas no fue para evadirse como antes;
fue para denunciar a los miserables de esa forma alusiva
．．．．．．y penetrante,
cuando muchos guardaban un cómplice silencio,
cuando una simple palabra podía significar la marginación
．．．．．．o la muerte.

Y fue también, ¿por qué no decirlo?
atolondrado por la desgracia recurrente
(¿quién no vio naufragar la tierra ansiada?)
lógica y humanamente desesperado en busca del origen,
de alguna clave antigua que le permitiera apuntalarse
．．．．．．él mismo el alma contra el horror
．．．．．．que intentaba arrasarlo.

¿Cómo alguien pudo preguntarse alguna vez
．．．．．．si volvería a *Nosotros*?
si nunca se fue, si siempre estuvo aquí,

si siempre supo renacer, como las finas hierbas
      y las mariposas;
si es indivisible en su evolución de horror y desamparo;
si lo único que hizo fue escribir como quien vive,
como para no morirse, como un poeta, cada esperanza,
triunfo, naufragio, amor, frío, contradicción agónica
y otra vez cada esperanza vivida por el espíritu
      de la república,
sobreviviendo en tiempos difíciles
como esas piedras de los ríos, que cantan al saltar
      en las corrientes,
pulidas, lisas, llanas de tanto naufragar.

La muerte es una apariencia

¿Qué sería de nosotros, si así, tan mansamente, nos dejáramos aniquilar?

Hay tanto sueño que se nos fue dejando su rastro doloroso:
cisne blanco y querido que voló para jamás volver;
tanta flor marchitada; tantísimas estrellas deslumbrantes
que se apagaron, cruel y lentamente, una a una,
como la inocencia de los niños lanzados contra el mundo
(la última ilusión fue un cisne inolvidable que al volar
fue destrozado en el aire por el implacable disparo
      de los cazadores).
Un frío de espanto amenaza secarnos el corazón.
Pero, ¿qué sería de nosotros, si así, tan mansamente,
      nos dejáramos aniquilar?
Confiemos en que algo bueno va a ocurrir.
Como dos buenos locos, irremediables creyentes,
te propongo inventar de nuevo la ilusión y la inocencia,
mediante el simple mecanismo de creer que existen.
Vamos a sentarnos en cualquier banco de la tarde,
o en alguna laguna solitaria si prefieres,
a esperar que vuelvan los cisnes, uno por uno,
con sus grandes alas reverberando al sol,
      batientes, sonantes
asustando a los atildados y los cuerdos,
desconcertando a los cazadores,

enceguecié ndolos con las luces tornasoladas de sus plumas,

para no irse ya nunca más,

como saben hacerlo las verdaderas esperanzas.

La fabulosa capacidad de renacer

Si permitimos pasivamente que el desatino de la vida
      ponga su garra sobre nuestro corazón
      y lo destroce
cegándolo para tanto esplendor que tiene el mundo;
si dejamos que el pasado sea esa sombra
      que nos oscurezca siempre
      mientras caminamos bajo el claro cielo;
si renunciamos a ganar conciencia de las autolimitaciones,
      si no nos criticamos sin misericordia
      y nos resignamos
      aplaudiéndonos nosotros mismos;
si nos pasamos el puñetero día cavilando, en guardia,
      viendo en cada semejante el mismo ruin de ayer;
si en cada tramo de la pradera bellísima
      esperamos encontrar otro hueco artero
      sin la íntima seguridad
      de que no vamos a caer en él;
si toleramos que nos domestiquen las palabras,
      que nos las conviertan en vacío de vida
      sonido apenas;
si nos aislamos, con una flor imposible en el corazón,
      autoimponiéndonos el abacoramiento
      y la soledad
      creyéndonos los elegidos;

si nos rendimos a la miseria de que ya jamás
      volveremos a ser puros y entusiastas como niños
y perdemos la fabulosa capacidad de renacer,
      de olvidar, de volver a levantarnos
      y sonreír;
si creemos que el amor, la comprensión, la solidaridad
      más nunca volverán a tocarnos
      con su consoladora mano;
si ya no somos capaces de ver el futuro con esperanza
      y alegría
y dejamos que el alma se nos seque sin atajarla
      olvidándonos de vivir
      por sobrevivir
                di
¿qué podría valer la vida entonces?

Suicida

El hombre que se imaginaba responsable
        de todas las angustias
        y quebrantos
fue sorprendido colgándose de la más alta rama
        de un florecido flamboyán.

La multitud que se agolpa frente al árbol
ríe,
mientras le arroja enormes rosas blancas.

Entonces el hombre abandona su soga,
que queda meciéndose sola al golpe del viento.

Pinta Joaquín

Pinta, Joaquín Pascual,
hermano.

Pinta cuando sientas que la impotencia
      se te atora,
ahogándote.
Sácatela de la garganta
y ponla en la punta de los pinceles,
como si ajusticiaras
  su causa.

Pinta cuando la paz te falte.
Búscala en la luz,
en el blanco,
ese color inexistente.
¿No existe?

Pinta, Joaquín.

Como si nada

Desembarazadamente, como si nada, voy a decir
cabezas de cántaro tropezando siempre
    con la misma piedra;
almas sueltas y negras como el hollín de las fábricas
    asolando a la vida.

¿Por qué no escribir incertidumbre, furia,
hombre que viene con la frente en una mano,
alma a veces en girones a medianoche
    sentada sola en el muro del Malecón
como si esas palabras ya no pudieran pertenecer jamás
    al reino de la poesía?

¿Quién no conoce hasta de espaldas, de lejos,
de canto, como quiera, a la gente buena
de la mala que camina por la tierra?

Como quien grita, subrayaré las palabras
derecho, apertura, desacuerdo, democracia,
Revolución, sí, también, Revolución, continuidad
    ¿por qué no?
(los mártires y las conquistas
    no son particulares
    como los patios de las casas).

¿Qué podría impedirme a mí, ahora mismo,

hacer surgir de este poema, resoplando fuertes

      auténticas, puras

bellas como orcas del más tempestuoso mar del norte

las palabras patria querida, no te dejes hundir

      sigue

la infinitud del océano te pertenece inalienablemente?

Debería comenzar a llover

Sería bueno que comenzara a llover sobre nosotros
        una lluvia compacta,
interminable como la vigilia de los astros.

Pero tendría que ser mucha agua en verdad,
tanta, que pudiera arrastrar nuestras memorias,
dejándonos blancos como las palomas,
sin imágenes, sin posibilidad para la infamia.

Sería muy bueno que comenzara a llover.
Así quedaríamos en paz, acostados sobre el olvido,
        arrastrados por las muchas aguas,
como troncos viejos, enredados en historias,
hojas, contradicciones, incertidumbres muertas.

Sí, sin duda debería empezar a llover
        sobre nosotros.

Pero antes del olvido, después de mirarnos
        larguísimo bajo el agua,
podríamos hacer el amor devastadoramente,
como si fuéramos a morir dos minutos más tarde,
        idénticos a peces inmemoriales.

La muerte es una apariencia

De vueltas y desastres innombrables venimos.
No los recordemos, sino para procurar
      no repetirlos.

Si miramos bien, comprobaremos que el mundo
      recomienza siempre, pujante y claro.
Es algo así como una rosa,
      que muere y nace incansablemente,
      cada vez más armónica y perfecta.

Quiero que destierres de una vez
      la nostalgia de tus ojos.
No morimos con cada desastre.
La muerte es una apariencia.
      Sonríe.
      Así.

Si miramos bien, como para la rosa
      también para nosotros siempre es hora
.

ACERCA DEL AUTOR

José Yanes (1944, La Habana, Cuba). Graduado de la Escuela de Periodismo de la Universidad de La Habana. Perteneció a la llamada generación de *El Caimán Barbudo,* junto a, Luis Rogelio Nogueras, Raúl Rivero, Víctor Casaus y Guillermo Rodríguez Rivera, entre otros.

Su primer libro *Permiso para Hablar,* (Colección Cuadernos UNEAC, 1968) obtuvo mención en el Concurso Nacional de Poesía Julián del Casal 1966, convocado por la Unión de Escritores y Artistas de Cuba. Con ese mismo texto poético, en 1967 obtuvo la Mención Única del Concurso David, también convocado por la UNEAC.

En 1971 un libro suyo titulado *Canciones para Anita*, de corte muy crítico a la realidad cubana, fue mencionado entre otros seis libros de poesía como destacados en el Concurso de Poesía de la Casa de las Américas. Ese mismo año, Yanes fue vinculado al caso Padilla y nunca más volvió a publicar.

Poesía Engavetada es una colección de 65 poemas inéditos, escritos entre 1970 y 1993 en La Habana.

Yanes logró salir de Cuba en 1998. Actualmente reside en Hawaii.

Correo electrónico: josemyanes@aol.com

ÍNDICE

PRÓLOGO / 7

LA HABANA ES UNA CIUDAD QUE ESPERA / 15

    La Habana es una ciudad que espera / 17

    No quiero despertar y descubrir que no sueño / 21

    No quiero despertar y descubrir que todo fue en vano / 25

    ¡Oh, gran locura en que resbalo! /26

    Carta abierta a mi madre en USA / 29

    La Zorra y El Cuervo /32

HAY QUE DEJARLE LA PUERTA ABIERTA AL DIÁLOGO / 35

    Libre albedrío / 37

    Poesía de vuelta / 42

    ¿Cuándo se llegará a un momento irreversible? / 44

    Hay que dejarle la puerta abierta al diálogo / 47

TAL VEZ NO SÉ COMPONER POEMAS OPORTUNOS / 49

    Quizás solo se trata de que no soy poeta / 51

    ¿De quién soy víctima? / 53

    Estados alterados / 55

    Tal vez solo sé componer estos poemas / 56

    ¿No me quedará más remedio que olvidarme de mí mismo? / 58

    Entonces era solo uno quien moría / 59

    Autorretrato / 60

    Probablemente nunca alcance a escribir todos los poemas que debiera / 61

    Crítica / 63

Ermitaños de la represión / 66

El silencio es la gran revelación / 67

¿QUIÉN LE DESENREDA EL ALMA? / 69

¿Quién le desenreda el alma? / 71

Negra sufriendo / 72

Olivia /73

La mujer desnuda del espejo / 75

Como vive una flor junto a un pantano / 76

Solo en el reflejo y el agua / 77

Arpegio pianísimo de guitarra / 78

MISERIA DE LA POESÍA / 79

Miseria de la poesía 81

AMBIVALENCIA / 85

La increíble debilidad del verso / 87

Con el gesto profundamente comprensivo / 88

Ambivalencia / 90

Ya Julián del Casal acabó, joven y triste / 91

Simples versos / 95

Poética / 96

ELOGIO DE LA POESÍA / 97

¿Qué es poesía? / 99

Los impecables de la literatura / 100

Allá las putas / 101

Ronda / 102

Me resisto a creerlo / 103

Yo querría ofrendarle a la poesía la verdad / 104

Vivir la vida no es cruzar un campo / 105

A pleno sol / 107

Hacia los campos de girasoles de Van Gogh / 108

Desde la punta de la espina mayor / 109

Más allá de la poesía / 110

¿Quién sería si nadie me recordara mañana? / 111

Un buen poema / 112

Elogio de la poesía / 113

HOMENAJES / 115

Político y poeta / 117

No solo con palabras / 119

¿Qué fuerza lo empuja hacia la altura? / 121

¿Somos nosotros aquellos? / 122

Para que no se oyeran sus palabras / 124

En el reino de la imagen / 126

En una hoja de papel / 128

LA MUERTE ES UNA APARIENCIA / 133

¿Qué sería de nosotros, si así, tan mansamente, nos dejáramos aniquilar? / 135

La fabulosa capacidad de renacer / 137

Suicida / 139

Pinta Joaquín / 140

Como si nada / 141

Debería comenzar a llover / 143

La muerte es una apariencia / 144

ACERCA DEL AUTOR / 145

www.ingramcontent.com/pod-product-compliance
Lightning Source LLC
Chambersburg PA
CBHW031551040426
42452CB00006B/268